MILITARES
COM JESUS

EDIÇÃO: VINHA DE LUZ - Serviço Editorial
Departamento Editorial da Casa de Chico Xavier de Pedro Leopoldo
Av. Álvares Cabral, 1777 | 20º andar | Sala 2006
Santo Agostinho | 30170-001 | Belo Horizonte | MG
(31) 2531-3200 | 2531-3300 | 3517-1573
www.vinhadeluz.com.br | informacoes@vinhadeluz.com.br
www.casadechicoxavier.com.br | informacoes@casadechicoxavier.com.br

COORDENAÇÃO EDITORIAL
Cezar Carneiro de Souza | Geraldo Lemos Neto
CAPA | PROJETO GRÁFICO
Célia Maria de Oliveira Soares | Luiz Augusto da Costa
DIAGRAMAÇÃO | REVISÃO TÉCNICA
Célia Maria de Oliveira Soares

1ª edição - outubro 2013 | 2.000 exemplares

Dados Internacionais de Catalogação na Publicação (CIP)
(Câmara Brasileira do Livro, SP, Brasil)

Militares com Jesus / Espíritos Diversos ;
[psicografado por] Francisco Cândido Xavier ;
organização de Cezar Carneiro de Souza . --
Belo Horizonte : Vinha de Luz, 2013 .

Bibliografia.

1. Espiritismo 2. Médiuns 3. Mensagens
4. Psicografia I. Espíritos Diversos . II. Xavier,
Francisco Cândido, 1910-2002 . III. Souza, Cezar
Carneiro de.

13-10077   CDD-133.93

Índices para catálogo sistemático :

1. Mensagens psicografadas : Espiritismo 133.93

MILITARES
COM JESUS

VINHA
DE LUZ

SERVIÇO EDITORIAL

Belo Horizonte
2013

Epígrafe

A família Amorim Joviano teve a felicidade de receber a visita do amigo Chico Xavier todas as quartas-feiras, à noite, para o culto no lar do *Grupo Doméstico Arthur Joviano*, em sua residência, na Fazenda Modelo, em Pedro Leopoldo, Minas Gerais, durante 18 anos, ou seja, de 1934 a 1952, ininterruptamente.

Nesses cultos, Rômulo e Maria Joviano contavam com a companhia de muitos amigos encarnados e desencarnados, muitos deles já apresentados ao leitor na trilogia de Neio Lúcio – composta pelos livros *Sementeira de luz*, *Sementeira de paz* e *Colheita do bem* –, no *Deus conosco*, de Emmanuel, e no *Depois da travessia*, de espíritos diversos, obras organizadas por Wanda Amorim Joviano e editadas por nós entre 2006 e 2013. E quando os avós maternos de Wanda, Gen. Aurélio de Amorim e Júlia Pêgo de Amorim, passavam férias anuais na Fazenda Modelo, vários espíritos, militares em sua última encarnação, deixaram registradas suas presenças em mensagens ou por simples declinação de seus nomes ao querido médium Chico Xavier. Os ensinamentos eternos que essas mensagens contêm foram reunidos no volume *Militares no Além*, editado pela Vinha de Luz em 2008, reorganizado agora neste opúsculo intitulado *Militares com Jesus*, que o uberabense Cezar Carneiro de Souza, biógrafo e amigo de Chico Xavier, apresenta a todos, nos moldes do livro *Iluminuras*, de Emmanuel, também de sua organização, perfazendo, dessa forma, o 471º título da lavra do maior brasileiro e médium de todos os tempos, a quem temos a alegria e a honra de reverenciar com o nosso singelo trabalho.

A seguir, apresentamos breve biografia dos espíritos e personalidades da família Amorim Joviano aqui mencionados.

Vinha de Luz Editora

Mal. Pêgo Junior e a esposa Júlia Amália da Silva Pêgo

MAL. PÊGO JUNIOR

Antonio José Maria Pêgo Junior nasceu em 2 de julho de 1841, em Santos | SP. Desencarnou em 7 de julho de 1907, no Rio de Janeiro | RJ. Da união com Júlia Amália da Silva Pêgo, teve três filhas: Júlia, Esther e Maria. Participou da Guerra do Paraguai e do Cerco da Lapa, no Paraná. Por sua atuação nesse último conflito militar, foi injustamente condenado e, depois, absolvido. O livro intitulado *O Marechal Pêgo e a invasão do Paraná*, de autoria do Cel. Cordolino de Azevedo, relata, com minúcias, esse fato histórico.

Júlia Pêgo de Amorim e Gen. Aurélio de Amorim

GEL. AURÉLIO DE AMORIM

Nasceu em 14 de agosto de 1869, em Manaus | AM. Desencarnou em 11 de novembro de 1952, no Rio de Janeiro | RJ. Da união com Júlia Pêgo de Amorim, teve seis filhos: Maria, Aurélia, Armando, Aramis, Mário e Iacy. Além de militar, formou-se em Direito e foi deputado federal por seu estado natal. Foi também provedor da Irmandade da Santa Cruz dos Militares por vários anos.

ENGRÁCIA FERREIRA

Pioneira do alfabeto Braille para cegos, desencarnou a 21 de abril de 1937. A 6 de maio do mesmo ano, comunicou-se através de Chico Xavier, numa mensagem dirigida a Júlia Pêgo de Amorim, sua sobrinha, solicitando a continuação de sua obra. Onze dias depois, Chico recebeu a segunda mensagem, em Braille, que foi publicada em "Reformador" de junho de 1938. Em uma nota de rodapé, a revista registra que o médium, por desconhecer o alfabeto Braille, levou duas horas para receber tal psicografia, que foi assim transcrita: *"Minha boa Julinha, a paz de Deus, nosso Pai, seja em teu generoso coração, sempre tão cheio de fé. Trabalhemos pelos cegos, minha filha, pensando que a cegueira do espírito é bem mais triste que a dos olhos. Hei de ajudar-te com o favor de Deus. A tia, Engrácia"*. Em 16 de novembro de 1938, transmite a terceira mensagem, sugerindo que ela transpusesse para o Braille determinado dicionário de Português, obra que havia deixado inacabada. D. Júlia, atendendo-lhe à solicitação, aprendeu sozinha o alfabeto Braille, copiando letra por letra. A partir daí, transformou-se numa verdadeira missionária do Braille. Reuniu em sua casa várias senhoras interessadas na prática do ensino do Braille e em 1939 iniciou a transcrição do *Dicionário da Língua Portuguesa*, de Hildebrando Lima e Gustavo Barroso, trabalho que durou cerca de quatro anos, resultando em 64 volumes. Em 1945, Chico Xavier recebeu a quinta mensagem de Engrácia Ferreira, agradecendo à sobrinha o atendimento e o valioso trabalho em prol dos cegos. D. Júlia iniciou um curso gratuito do Braille no centro do Rio de Janeiro, visando maior número de colaboradores. Transcreveu para o Braille inúmeras obras espíritas e não espíritas, entre as quais *O Evangelho Segundo o Espiritismo*, *Agenda Cristã*, *Cartas do Evangelho*, *Voltei*, *Pequenas Mensagens* e muitas outras, todas doadas à Sociedade Pró-Livro Espírita em Braille (SPLEB). Texto disponível em: www.espiritismogi.com. br/.../juliapego.htm. Acesso em: 03 jan 2008.

Gen. Aurélio e esposa, num passeio durante as
férias anuais na Fazenda Modelo, em Pedro Leo-
poldo | MG, na companhia da neta Wanda (de
pé), do genro Rômulo Joviano e da filha Maria

Dedicatória

Ao Gen. *Aurélio de Amorim*,
nosso preito de eterno
amor e gratidão.

umário

presentação

Prezado leitor, as páginas que lerão neste livro são de autoria de respeitáveis espíritos que passaram pela Terra na difícil experiência como militares das Forças Armadas do Brasil. São entidades portadoras de um cabedal de grandes responsabilidades no dever, na disciplina, no comando e, sobretudo, integrados na justiça. Propugnam, com amor, pela paz e felicidade da humanidade, e do Brasil como pátria do Evangelho de Nosso Senhor Jesus Cristo.

As lições aqui contidas são fragmentos extraídos do notável livro *Militares no Além*, editado pela Vinha de Luz em 2008, psicografado por Francisco Cândido Xavier no período de 1936 a 1952, em Pedro Leopoldo, Minas Gerais.

A nossa tarefa, portanto, foi apenas a de selecionar e organizar,[1] no presente volume, os valiosos ensinamentos dos benfeitores da Vida Maior.

Cezar Carneiro de Souza

---

[1] Os títulos das lições deste livro são de autoria do organizador.

utoria espiritual

Mal. Antonio José Maria Pêgo Junior
Mal. Feliciano Mendes de Moraes
Gen. de Div. Roberto Ferreira
Gen. de Div. Francisco de Paula Argolo
Gen. de Div. Bebiano M. da F. Costalat
Gen. José Antonio Correa da Câmara
Mal. Francisco Antonio de Moura
Mal. Júlio Anacleto Falcão da Frota
Oficial Severiano
Gen.-médico Ismael da Rocha
Mal. Belarmino Mendonça
Gen. José Joaquim Firmino

alavras da benfeitora

11 de outubro de 1944

Guarde-vos o Senhor Deus o tabernáculo, porque é hora de regressarmos, nós também, para o centro da luta. Amai-vos muito, defendei vossa fé! Esperai no Senhor e não vos prendais aos homens, embora o serviço a eles nos constitua um sagrado dever! Abri-vos para as inspirações superiores! Crescei para Jesus, ainda que a humanidade vos desconheça o esforço salutar! Desdobrai pensamentos de paz em derredor de vossos passos e permanecei fiéis ao Evangelho e a vós mesmos!

Anna Nery[1]

---

[1] Anna Justina Ferreira Nery, primeira enfermeira do Brasil (13/12/1814 - 20/05/1880).

1 | OS DEVERES MILITARES

02/01/1936

Os deveres militares são, às vezes, severos e apesar de praticarmos e agirmos em nome da ordem há sempre um fundo amargo na responsabilidade individual que nos fica de todos os problemas. Felizmente, porém, sinto-me a caminho da compreensão elevada das coisas nobres e profundas da vida.

Pêgo Junior

2 | BOM DESEJO

02/01/1936

Pesou sempre (...) em minha existência a acusação de traição nos tempos detestáveis de 93, quando a minha atividade não partiu senão do meu bom desejo de trabalhar contra os derramamentos de sangue, largamente praticados a pretexto da consolidação da República.

Pêgo Junior

3 | OS TIRANOS DA POLÍTICA

02/01/1936

s tiranos da política muito sofrem por aqui, onde as leis já não representam os fios da aranha, que prendem consigo somente os insetos fracos.

Pêgo Junior

4 | DOUTRINA ESPÍRITA

02/01/1936

Continuem na crença que hoje lhes felicita o íntimo. Trabalhem muito nessa caridade que é ensinada pelos mensageiros divinos, que batem à porta do coração dos que professam essa Doutrina tão formosa e tão consoladora, e nunca se arrependerão de haver seguido esses passos luminosos.

Pêgo Junior

---

[1] Os títulos das lições deste livro são de autoria do organizador.

5 | IRMANDADE DA
SANTA CRUZ DOS MILITARES

15/02/1939

inhas palavras desta noite são apenas para registrar a minha visita e agradecer-te pelo trabalho levado a efeito nas organizações da Cruz.[1] Procurei inspirar-te sempre, buscando harmonizar com o teu o pensamen-

---

[1] O espírito comunicante se refere ao trabalho do genro, Gen. Aurélio de Amorim, junto à Irmandade da Santa Cruz dos Militares, entidade benemérita assistencial fundada no século XVII, no Rio de Janeiro. Gen. Aurélio era pai de Maria, sogro de Rômulo Joviano, o chefe de Chico Xavier na Fazenda Modelo.

to de nossos companheiros e graças a Deus sinto que o nosso esforço não foi em vão, porquanto todas as providências passíveis de serem postas em prática, em favor das elevadas finalidades de nossa organização, foram realizadas com a bênção de todos os amigos espirituais que ali cooperam pelo bem coletivo.

Antoninho[2]

---

[2] Algumas mensagens do Mal. Pêgo Junior também são assinadas por ele como Antoninho ou tão-somente Pêgo.

6 | GRANDE IDEAL

15/02/1939

Engracinha[1] está presente e me pede para registrar a sua alegria em face do grande esforço de Julinha,[2] no grande ideal na educação dos cegos. Penso ter cumprido essa incumbência, rogando às forças superiores que nos presidem os destinos que abençoem e protejam todos os trabalhos de minha querida filha.

Antoninho

---

[1] Engrácia Ferreira, pioneira do alfabeto Braille, desencarnou em 21/04/1937. [2] Júlia Pêgo de Amorim transcreveu inúmeras obras espíritas e não espíritas para o alfabeto Braille. Era sobrinha de Engrácia e filha do Mal. Pêgo Junior, casada com o Gen. Aurélio.

7 | EM QUALQUER TRATAMENTO

15/02/1939

Conhecendo a tua têmpera de soldado, compreendo que o repouso não foi feito para nós. Todavia, há necessidade de alguns intervalos para a continuação dos combates novos. Busca, portanto, alimentar-te bem, conservando-te com a possível tranquilidade de coração. Em qualquer tratamento, a paz interior tem uma influência decisiva.

Antoninho

8 | TRABALHO E MÉTODO

15/02/1939

Devemos todos nós guardar o trabalho por norma e a síntese por método. (...) o soldado fala sempre muito pouco. Mas dizendo muito com o coração (...)

Antoninho

9 | LAÇOS DE RESPONSABILIDADE

08/04/1942

A recordação amorosa é um bálsamo que dulcifica e reconforta. Não desejo revestir as minhas palavras com qualquer laivo de amor-próprio. Longe de mim semelhantes pensamentos! Bem cedo compreendi que os títulos e condecorações transitórios da experiência na Terra são laços de responsabilidade e trabalho que o homem deve honrar com aquilo que possui de melhor, mas nunca constituirão motivos de vanglória ou de exibicionismo sem razão de ser.

Pêgo

10 | INSTITUIÇÕES DA VIDA ETERNA

08/04/1942

As "cartas" honrosas de política humana raramente atingem as instituições da vida eterna, porque quase frequentemente os portadores inquietos rasgam-nas ou destroem-nas na existência terrestre, na velha fogueira das ambições desmedidas.

Pêgo

11 | HONRADEZ

08/04/1942

As lembranças, propriamente do mundo, nem sempre têm o mesmo valor para nós. O que mais me honra na atualidade é ter podido vencer provações tão amargas quanto aquelas dos tempos de prisão e de calúnias.

Pêgo

12 | O GRANDE PROBLEMA

08/04/1942

O grande problema não é o da prova ríspida: é o de vencê-la com êxito, cumprindo a vontade de Deus. Quantos perseguidores hão encontrado comigo neste novo mundo? E quantas sensações de antipatias converteram-se nas relações fraternas, à luz de uma vida melhor? Tudo passa no que diz respeito ao jogo das coisas, situações e sentimentos humanos. A muitos eu mesmo fui compelido a buscar, no sentido de renovar os meus próprios valores, e sinto que de cada abraço reconfortador, com o objeto de minha animosidade em outros tempos,

saí mais rico de iluminação e mais feliz
com meu Criador!

Pêgo

13 | ANTE O PROBLEMA

08/04/1942

Não desprezemos o esforço que o problema exige e as suas dificuldades se desfarão.

Pêgo

14 | ORDEM E PROGRESSO

24/03/1943

á uma vanguarda sutil e de essencial importância na defesa da ordem e do progresso nacionais, conhecida quase apenas por aqueles que experimentam nos ombros o peso dos serviços coletivos. É a frente da responsabilidade, cujos trabalhos são imensos e esmagadores!

Antoninho

15 | DEFESA

24/03/1943

Nosso escopo, acima de tudo, é a defesa de um patrimônio sagrado, preservando-o para o futuro, não somente no que concerne às providências de natureza material, mas igualmente às reservas morais (...). A tarefa de defender não pode agradar a todos. Por si só dá a entender que o adversário não pode colher alegrias mentirosas. Em virtude de semelhantes razões, não poderá você realizar o milagre de satisfazer a todos. Não se desanime, porém, e conte com seus nobres amigos da Espiritualidade e comigo, que procurarei seguir, de perto. Tenhamos calma, reflexão e amplo discernimento.

Antoninho

16 | EXPERIÊNCIA

24/03/1943

serviço educa, a preocupação aperfeiçoa sempre que bem orientada, as dificuldades enriquecem a experiência, a procura do melhor é a destinação de nossas atividades.

Antoninho

17 | O VALOR
DAS INSTITUIÇÕES

24/03/1943

A questão é a de não perdermos oportunidades por aprender ensinando, muitas vezes com o nosso sacrifício. As instituições nobres da vida social preparam a criatura para as instituições eternas de Deus. Bom trabalho na Terra é a garantia da aquisição de bom trabalho na esfera espiritual.

Antoninho

18 | DEVERES

24/03/1943

Desempenhe seus deveres atendendo à vontade de Deus e o Pai não esquecerá de atender à sua vontade nos momentos justos.

Antoninho

19 | CLARIDADE NAS TREVAS DA CEGUEIRA HUMANA

24/03/1943

elicite Julinha pelo fervor com que se dedicou ao formoso serviço de Engracinha.[1] Tenho por essa cooperação de ambas a mais sincera simpatia, esperando que os nossos maiores da Espiritualidade Superior lhes conceda as melhores possibilidades para intensificação dessa sublime semeadura de

---

[1] Em referindo-se ao trabalho de transposição para o Braille do *Dicionário da Língua Portuguesa*, de autoria de Hildebrando Lima e Gustavo Barroso, sob a orientação espiritual de Engrácia Ferreira. (64 volumes).

claridade nas trevas da cegueira humana. Plante, minha filha, que a colheita não será tardia. Todos os que semeiam na terra da coletividade alcançarão maravilhas e esse trabalho que vocês vão desenvolvendo é dos mais promissores. Que Jesus abençoe a sua lavoura de luz espiritual, dando a você mais saúde e mais forças, e à Engracinha iluminação cada vez mais intensa, são os meus votos sinceros.

Antoninho

20 | AMOR E JUSTIÇA

24/03/1943

Há provações que não poderemos suprimir, não obstante todo o potencial de nosso amor! O coração ama e consagra-se, auxilia com júbilo e renuncia voluntariamente, mas a justiça cumpre-se invariável, até que esse amor que nos une uns aos outros, purificado em Jesus Cristo, nos proporcione a esperança de paz e fraternidade sem fim.

Antoninho

21 | DIRIGIR, ORIENTAR E GOVERNAR

14/04/1943

Os verbos *dirigir*, *orientar* e *governar* implicam ação ativa e criteriosa. Não se dirige coisa alguma deixando-se governar por elementos estranhos aos objetivos do serviço que devemos realizar. Compreendendo seus sacrifícios e trabalhos, porém, em substância, a felicidade pertence, em todas as ocasiões, aos que mais souberem entregar sentimento e pensamento ao trabalho construtivo.

Antoninho

22 | CONCÓRDIA

14/04/1943

A concórdia depois da incompreensão é mais bela que a paz celeste após a borrasca forte.

Antoninho

23 | AMOR E VIGILÂNCIA

14/04/1943

Se o amor é bom, a vigilância também é indispensável. (...) não satisfeitos com os nossos princípios humanos, consultamos o Evangelho e lá se nos deparou a passagem em que Pedro sacou da espada para enfrentar a situação, concluindo que o próprio Mestre mandou que o servidor guardasse a arma na bainha, mas não mandou inutilizá-la.

Antoninho

24 | PERÍODOS SOMBRIOS

14/04/1943

velho mundo está em longo inverno espiritual há quase quatro anos! Muito frio nas almas, muita neve sobre os ideais! A permuta de pensamentos na esfera íntima não pede outras manifestações senão estas em que os espíritos se reconfortam para a continuação da jornada evolutiva.

Antoninho

25 | TRABALHO NOBRE AOS INFORTUNADOS DA SOMBRA

14/04/1943

Minha querida Julinha, faço minhas as palavras de sua mãe no tocante aos seus nobres trabalhos de irmã aos infortunados da sombra. Continue, querida filha! Formosa é a coroa reservada aos sinceros e devotados trabalhadores do bem! (...) espero que se sinta sempre amparada pela sua fé, cheia de amor à caridade em Jesus. A passagem na Terra, minha filha, muito vale pelas experiências que sofremos, mas vale muito mais pelo bem que consigamos fazer.

Antoninho

26 | SAÚDE FÍSICA

14/04/1943

Zele pela saúde física, minha filha, que muito representa para o êxito necessário de nossos espíritos eternos, quando em missões ou tarefas, entre paisagens transitórias da vida material. (...) Conceda o Senhor Jesus a cada um a justa compreensão do dever a cumprir, enchendo-lhes o espírito de luz e paz (...).

Antoninho

27 | ADMINISTRAR

17/01/1945

Por vezes, (...) e digo com conhecimento pessoal, é mais penoso administrar no campo da paz que movimentar energias em campo de luta. Aliás, é forçoso reconhecer que isso é natural! A batalha silenciosa dos princípios educativos na vida comum é de todos os tempos e condiz com a nossa própria evolução para a vida mais alta! Urge, porém, não desanimar.

Antoninho

28 | O MUNDO EM
TEMPOS DIFÍCEIS - I

17/01/1945

O mundo atravessa um período de crises verdadeiramente desastrosas! Desejaria comentar com vocês a realidade da situação, mas não posso. Há limites para a nossa ação verbalística e não devo transpô-los sem graves consequências. Creia, (...) todavia, que a luta de agora na esfera do homem é das mais graves de quantas tiveram por palco a atual civilização. Oh! A perturbação no ensarilhamento das armas não tem a ordem que caracteriza o início da batalha! É muito difícil ganhar a paz! E os organismos internacionais experimentam comoções de vulto e o

Brasil não pode fugir a esse índice de renovações! Como aconteceu no passado, trabalham os gênios espirituais da pátria por evitar-lhe hecatombes angustiosas, entretanto, são tão grandes os conflitos que se esboçam no mundo terrestre em geral que não podemos efetuar previsões de modo algum.

Antoninho

---

[1] Os títulos das lições deste livro são de autoria do organizador.

29 | O MUNDO EM TEMPOS DIFÍCEIS - II

17/01/1945

regime da atualidade veio estabelecer um parêntesis de trabalho e de continuidade administrativa, no propósito de preparar a nação frente aos tempos novos, mas a verdade é que Diógenes[1] continua de lanterna acesa procurando os homens para as responsabilidades que sobram em todos os setores do progresso e da edificação nacionais.

Antoninho

---

[1] Diógenes de Abdera (423-327 a.C). "(...) incompreendido por seus contemporâneos, apontava os defeitos de seu tempo. Para isso, fazia uso de uma lanterna acesa em pleno dia, dizendo: *'Procuro um homem honesto'.*"

30 | O MUNDO EM TEMPOS DIFÍCEIS - III

17/01/1945

As situações melindrosas não faltam, enquanto as tarefas atendidas vão escasseando cada vez mais. Longe de nós o derrotismo, mesmo porque sabemos que um país jovem quanto o nosso não pode realizar os trabalhos que somente os povos mais antigos conseguem concretizar!

Antoninho

31 | O MUNDO EM TEMPOS DIFÍCEIS - IV

17/01/1945

Palpita em nossos espíritos o desejo sadio de contribuir com as forças ao nosso alcance, a fim de que o futuro da humanidade e da nação atinja melhores dias. O momento é de perturbações subterrâneas muito amargas. Entretanto, estamos confiantes na proteção de Deus.

Antoninho

32 | O TRABALHO
EM FAVOR DOS CEGOS

17/01/1945

inha querida Julinha, trago-lhe paternal abraço pela invejável organização de amparo aos cegos, a que você se consagrou, junto de Engracinha! Cada vez que você acende claridades de raciocínio no cérebro dos que não possuem luz para os olhos está renovando e aumentando a sua própria luz espiritual![1] Todo bem que praticamos (...) se reverte em nosso benefício. É da lei que todo aquele que dá com amor

---

[1] Vide nota à p. 51.

seja recompensado, centuplicadamente, pela própria vida que, no fundo, é amor de Deus, Criador e Pai nosso! Há tantos amigos deste lado ajudando a vocês (...)

Antoninho

33 | PRÁTICA DO BEM

17/01/1945

Desdobremo-nos (...) a serviço de todos. O que se fizer no bem efetuar-se-á para o nosso próprio bem.

Antoninho

34 | RESIGNAÇÃO

24/01/1945

Como é triste acompanhar uma enfermidade sem o poder de curá-la! E como são ditosos os homens obscuros, que aprenderam no anonimato a ciência sublime da resignação! (...) Tendes convosco armas espirituais que ainda não possuo. Minha antiga espada foi um padrão de serviços e disciplina, mas agora reconheço que não forjei certas armas indispensáveis do coração.

Feliciano

35 | PACIÊNCIA E CONFORMAÇÃO

24/01/1945

Sei que devemos esperar em Jesus e que, de qualquer modo, não temos outro caminho. Entretanto, esperar também é uma arte que nem todos aprenderam. A esperança não é perfeita sem a paciência e a conformação.

Feliciano

36 | INSTITUIÇÃO VENERÁVEL

04/04/1945

Tome os seus deveres e não tema! A hora atual é difícil e aconselho prudência incessante. Há que defender os patrimônios da instituição contra os assédios sutis que procedem dos setores de várias ordens. Celeiro de reservas morais muito grandes, a Cruz deve manter-se em esfera superior às paixões políticas que começaram a perturbar os caminhos da evolução nacional novamente.

Antoninho

37 | O POVO BRASILEIRO

04/04/1945

Lutas são inevitáveis num povo como o nosso, em cujo coração atritam as mais diversas tendências pela grandeza da terra, pela generosidade das leis e pelo excesso de bem-estar na habitação coletiva. O quadro mesológico criaria fatalmente os anseios fortes, os desvarios de opinião, a hipertrofia da liberdade. Fenômenos inelutáveis, acontecimentos fatais. Tenho comigo a profunda aspiração de um Brasil melhor, superiormente governado, onde a liberdade seja o clima natural de todas as manifestações do pensamento. Entretanto, não sou infenso às nossas realidades positivas, num quadro nacional menos ajustado, onde quase todos querem mandar e poucos se dispõem a obedecer. Impossível organizar o serviço pleno da emancipação política educativa, porque, coletivamente, nos falta a compreensão do trabalho.

Antoninho

38 | UM POVO E SEUS DEVERES

04/04/1945

Um povo só é grande pela expressão do serviço que presta ao círculo internacional, assim também como o homem só é verdadeiramente admirável quando entende o seu dever e o cumpre. (...) se já conseguimos alguma coisa nesse terreno, muito nos falta realizar. Sobeja-nos aspirações. Entretanto, escasseiam entre nós, como povo, a fiel demonstração de prática essencialmente patriótica. É natural. Somos jovens, nacionalmente falando. Precisamos de mais tempo, mais experiência, mais séculos! (...) o momento é de renovação ruidosa e torna-se necessário caminhar com vigilância, prudência, visão.

Antoninho

39 | A CRUZ DOS MILITARES

04/04/1945

enha calma, confiança e fé. E quando alguém convocar a sua ação às lutas mais fortes, convém proclamar que a missão da Cruz é pacificadora, conservadora, unionista. Ela é, talvez, a mais bela praia de segurança para o Exército a que temos servido. Seja, pois, ainda e sempre, a Cruz dos Militares, em cuja seiva generosa tantos corações se alimentam para o trabalho da paz, no campo do bem.

Antoninho

40 | NOS CASOS DIFÍCEIS, ORAÇÃO

04/04/1945

uando surgirem casos difíceis, concentre-se em oração e ajudaremos você a solucioná-los. Você sabe que o mais depende da capacidade de improvisação do administrador. Apenas lembramos a necessidade de muita calma na hora em curso, porque quando as paixões dos homens estão em choque é muito difícil, ou impossível, ouvir os desígnios de Deus.

Antoninho

41 | UM PAI AMOROSO

04/04/1945

Julinha, Deus a abençoe pelas muitas alegrias que me proporciona! O seu idealismo na construção espiritual a favor dos cegos muito me comove o coração paterno. Não julgue que seu pai esteja indiferente à sorte das filhas queridas. Sigo-as, a todas, de muito perto, rogando a Jesus abençoá-las, na posição de testemunho em que se encontram.

Antoninho

42 | A AFEIÇÃO DOS AMADOS FAMILIARES ESPIRITUAIS

04/04/1945

Boa noite para todos vocês. E desejando-lhes a paz divina, a fim de que continuem na jornada terrestre com segurança e serenidade, deixo-lhes, a todos, a minha afeição de pai, de avô e de amigo certo.[1]

Antoninho

---

[1] A mensagem, de cunho particular, comprova-nos que ninguém está sem o cuidado e o amparo dos familiares domiciliados no plano espiritual.

43 | HORAS DIFÍCEIS
NO BRASIL - I

27/03/1946

Aurélio,[1] meu bom amigo, antes de tudo peço a Deus por sua saúde, junto de Julinha e de meus netos, desejando-lhes muito bem-estar! (...) Outros dedicados cooperadores do plano espiritual e eu nos orgulhamos da sua calma e resistência na hora precisa. A luta política no Brasil, e mormente no Rio de Janeiro, foi sacrificial para quase todos os caracteres forma-

---

[1] Em referindo-se ao Gen. Aurélio de Amorim, já mencionado em nota anterior.

dos na escola da disciplina e do dever. E bem sei como foi penoso o trabalho conciliatório que nas mãos tiveram que efetuar, porquanto o nosso padrão militar nunca foi a vantagem fácil, trazida pelo acaso dos favores políticos.

Antoninho

44 | HORAS DIFÍCEIS NO BRASIL - II

27/03/1946

É bem verdade (...) que a paisagem ainda não encoraja qualquer opinião demasiadamente otimista. Atado à locomotiva norte-americana, por forças de circunstâncias implacáveis no campo geográfico e econômico, o nosso país é compelido a longas esferas de observação para preservar-se como é preciso. Não comentamos aqui a possibilidade dos conflitos armados. Referimo-nos à guerra oculta dos interesses financeiros, de variadas expressões. A luta é grande e a política refletir-lhe-á as oscilações e dificuldades, os imprevistos e os desacertos. Em todo setor de preservação coletiva há que ponderar esses fatores intangíveis. Grande cota de atenção deve ser conferida à vigilância ativa.

Antoninho

45 | HORAS DIFÍCEIS
NO BRASIL - III

27/03/1946

Não existem obstáculos que não possam ser aplainados, desde que o cérebro de quem determina esteja ligado às forças amorosas do coração. Vamos, pois, para a frente! Há "combates" nas ruas pacíficas mais difíceis de serem vencidos que a "batalha aberta" nas regiões de sangue! (...) Nos encontros armados, antes da equação final, costumamos relacionar os homens e as máquinas, os cavalos e as munições, mas aí, nessa luta enorme e silenciosa que você enfrenta presentemente, antes de qualquer medida é indispensável inventariar as reservas de paciência e compreensão, de perseverança e devotamento.

Antoninho

46 | MONTAR SENTINELA A UMA INSTITUIÇÃO BENEMÉRITA

27/03/1946

Nossos cumprimentos sinceros, pois, pelos seus serviços à instituição que nos é tão estimável. Em torno dela, rondam muitos "milhafres" do interesse mesquinho. Entretanto, enquanto puder contar com sentinelas de sua dedicação, não existirá perigo algum em semelhante assédio.

Antoninho

47 | BOM ÂNIMO NA MISSÃO

27/03/1946

Deixo à Julinha os meus votos de muito bom ânimo na missão a que se propôs com tanto desassombro em favor dos cegos, e desejo a todos muita tranquilidade, com saúde física e alegria espiritual.[1]

Antoninho

---

[1] Em referindo-se à missão da filha junto à Sociedade Pró-Livro Espírita em Braille.

48 | LUTAS ACERBAS - I

17/04/1946

Não temas as dificuldades que vão surgindo à margem dos caminhos de realização. As diretrizes superiores daqueles que te foram predecessores na Provedoria não faltarão no instante oportuno. Compreendo que as questões se multiplicam. O quadro atual, de alguma sorte, é bem semelhante à paisagem de 1890, quando a eclosão das ideias renovadoras da República nos compelia a diversas transformações. Graças à Inspiração Divina, (...) não houve solução de continuidade na execução de nosso ministério de previdência.

Pêgo Junior

49 | LUTAS ACERBAS - II

17/04/1946

Quando mais acesos se faziam os combates ideológicos entre monarquistas e republicanos conservadores e liberais, católicos e positivistas, conseguimos à força de persuasão espiritual manter a Cruz dos Militares como ilha de refúgio e segurança, batida, embora, pelos vagalhões da opinião pública, desvairada ante os impulsos de mudança integral no regime e nas instituições mais veneráveis. O próprio Deodoro[1]

---

[1] Em referindo-se ao Mal. Manuel Deodoro da Fonseca, proclamador da República e primeiro presidente do Brasil.

conservou diante de nós a posição respeitosa que o nosso velho e tradicional instituto exigia. A Cruz, amparada por ele e por outros beneméritos da política administrativa, cresceu e frondejou como árvore acolhedora e sagrada, a cuja sombra tantos corações encontram reconforto e carinho. Não te preocupes, pois, demasiadamente perante os problemas da hora que passa. Muitos amigos de nosso plano cooperarão contigo para que as defesas se façam eficientes e menos vulneráveis.

Pêgo Junior

50 | LUTAS ACERBAS - III

17/04/1946

antém o teu espírito de reso-
lução e trabalho atento às inspirações
que fluem "de cima" e concretizarás,
em nome de nossas mais nobres esperanças, o programa de serviços a que
nos consagramos com toda a alma.
Dá-nos ainda e sempre a tua receptivi-
dade espiritual, através da inteligência
e do esforço perseverante, do impul-
so de sacrifício e de amor à causa, e
tudo processar-se-á normalmente. A
época é de muitas medidas renovadoras lá fora, onde os políticos sempre
continuam experimentando as teorias
de socialização e de controle dos interesses nacionais. Entretanto, cá dentro,

na intimidade de nossos trabalhos, a continuidade não pode sofrer grandes alterações. (...) Não guardes qualquer dúvida ou preocupação, a Cruz é também um grande e abençoado lar de nossos filhos – filhos de todos nós, que nos devotamos ao ministério da ordem.

Pêgo Junior

51 | A MISSÃO DO HOMEM DA ESPADA

17/04/1946

Ainda que o idealismo nobre de certos pensadores veneráveis não compreenda toda a missão do homem da espada, esse homem, reservado muita vez aos duros labores da responsabilidade, é o sacerdote que sustenta o direito de viver sob a luz da justiça.

Pêgo Junior

52 | AMPARO

17/04/1946

O soldado, portanto, tem o seu lugar destacado nas forças que alicerçam a vida humana. Que determinados grupos se entreguem em nosso país ou em outras nações ao instinto de domínio, isso não quer dizer que as classes armadas sejam menos amparadas pela Inspiração Divina na solução de seus problemas e no exercício de seus deveres. Jesus há de abençoar-nos, desse modo, o propósito de caminhar avante na execução plena de nossas obrigações.

Pêgo Junior

53 | OFÍCIOS RELIGIOSOS E SEUS BENEFÍCIOS

17/04/1946

Muitas vezes serás defrontado por enigmas e questões de interesse imediato – aconselho-te a oração em silêncio nos ofícios religiosos das sextas-feiras. Nesses dias, o número de companheiros espirituais que visitam o templo é sempre maior, por ser também maior o número de necessitados que aí procuram os benefícios da fé. Geralmente, em tais ocasiões, um de nós outros, os que te precederam a administração, comparece em espírito para cooperar. Em vista disso, nessas oportunidades, será mais fácil receberes as nossas ideias e arquivá-las com o necessário proveito para que se concretizem no instante exato. Vamos para a frente, sem desânimo e sem vacilações!

Pêgo Junior

54 | NA SEARA DO BEM

22/01/1947

Reconheço que os últimos tempos foram difíceis. Exigiram, sobretudo, prudência e vigilância, esforço e serenidade. E semelhante período ainda não terminou. Faz-se necessária muita atividade dos colaboradores humanos, em face das arremetidas de todas as forças que tentam invadir a seara de nossa querida instituição.

Antoninho

55 | O NOSSO PAÍS

22/01/1947

O ambiente do país ainda não foi essencialmente pacificado. A redemocratização permanece por enquanto na esfera verbalística e se a reestruturação da máquina governamental apresenta as modificações indispensáveis, tal realização se verifica muito mais pela compressão de energias externas que de qualquer atuação de nosso próprio meio.

Antoninho

56 | NA DEFESA DOS PATRIMÔNIOS PÚBLICOS

22/01/1947

O ódio e a ambição desmedida prosseguem dominando. Determinam as catástrofes do sectarismo político e provocam a corrida febril aos postos de mando ou destaque. E quem observa semelhante movimentação reconhece que o assalto aos patrimônios de ordem pública representa consequências naturais de ordem espiritual, quando se arvora em legalidade aparentemente indiscutível. (...) Entretanto, é imprescindível combater a astúcia e a má-fé, mobilizando as armas do espírito.

Antoninho

57 | NO SERVIÇO DO BEM COLETIVO

22/01/1947

A vitória do serviço no bem coletivo supera qualquer triunfo em campanhas outras, nas quais, nem sempre, colhemos os louros da paz de consciência, edificação divina que constitui para nós o maior bem! Que esse tesouro íntimo, que tantas vezes me confortou nos trabalhos menos fáceis do mundo, esteja sempre ao dispor de seu espírito, no santuário de seu coração de homem de bem, de soldado de Deus e de missionário do serviço edificante.

Antoninho

58 | IMPOSSIBILIDADE COMPULSÓRIA

05/05/1948

Lastimamos sua compulsória retirada da Provedoria. As exigências orgânicas, contudo, assim reclamavam. Aceite, meu amigo, este período de repouso, com a resignação do soldado que se vê compelido a respeitar superiores injunções. Sei quanto lhe pesa a obrigatoriedade do descanso. (...) aguardamos que se refaça para retomar o leme. Quem, como nós, não sabe viver com a vocação da disponibilidade encontra razões de serviço em toda hora e em toda parte!

Pêgo Junior

59 | MOMENTOS DE SURPRESAS

05/05/1948

Sua formação não se compadece com a poltrona permanente. Precisa de movimentação, de atividade, serviço e luta. Entretanto, momentos surgem nos quais devemos ceder aos imperativos da vida e da experiência humana.

Pêgo Junior

60 | O MUNDO EM PERIGO

05/05/1948

A chamo-nos diante de um mundo em indescritível perigo! Todas as nossas forças espirituais, nos planos superiores, permanecem conjugadas no sentido de adiar a nova conflagração planetária – porque uma terceira grande guerra, neste século, significará a morte de muitos milhões, com o apagar de grandes luzes da civilização que nos custou séculos de suor e renunciação com vigilância e lágrimas. Entretanto, não duvide. A hora mundial é muito grave e não podemos olvidar a necessidade de entrelaçar corações e pensamentos em torno de Jesus Cristo.

Pêgo Junior

61 | PRUDÊNCIA

05/05/1948

O progresso de uma instituição aumenta a série dos problemas e das dificuldades no setor da prevenção e da defesa.

Pêgo Junior

62 | SERVIÇO NOBRE

12/05/1948

odo serviço nobre é uma associação entre amigos encarnados e desencarnados. A morte é uma compulsória de interpretação difícil, mormente quando nos falece o preparo espiritual. Contudo, não nos exonera das obrigações de evoluir, purificar e aprender.

Roberto Ferreira

63 | ESTAR BEM

12/05/1948

Pudéssemos todos receber na Terra a necessária iluminação, em nos referindo às claridades do Evangelho redentor, e outra situação seria a nossa na esfera nova a que fomos chamados.

Roberto Ferreira

64 | O EXÉRCITO

12/05/1948

O Exército é também uma instituição de fundamentos divinos. Por vezes, o soldado ensarilha as armas no chão do mundo para aprender a rezar fora do corpo físico. Entretanto, os valores da disciplina construtiva não se perdem nunca!

Roberto Ferreira

65 | NO INTERCÂMBIO

12/05/1948

raças rendamos ao Supremo Poder pelas bênçãos que nos permitem reunir aqui os nossos sentimentos. Siga seu brilhante caminho, meu amigo! Não é preciso que estejamos na carne para trocar vibrações de simpatia e reconhecimento. Somos aqui tão-somente viajores que se afastaram da retaguarda.

Roberto Ferreira

66 | ÂNIMO

12/05/1948

Creia sempre, cada vez mais, nas próprias forças. Não há decreto que nos imobilize quando nos sentimos dispostos a servir. Confie nos seus amigos espirituais e não esmoreça! A realização que nos cabe é infinita!

Francisco de Paula Argollo

67 | NA TAREFA
DE BENEMERÊNCIA

12/05/1948

Geeneral amigo, os mortos não existem. Ressurgimos sempre. Do fundo escuro da noite, o dia renasce. Este, meu amigo, o nosso destino: viver sempre! Lutar incessantemente. Construir com a eternidade. Engrandecer o começo e seguir até o fim, na batalha pela vitória final do bem. Cooperamos com aqueles que o assistem na tarefa de benemerência. A Cruz dos Militares no Brasil é um santuário, onde nos refazemos para a obra rendentora.

José Antonio Correa da Câmara

68 | A VERDADEIRA CONDECORAÇÃO

12/05/1948

Há, porém, renovações a que não podemos fugir. (...) reconheço quanto tempo perdi no mundo. Como é perigosa a honraria prematura e quão doloroso é perder o fruto antes do amadurecimento. Recolhi aqui desenganos tão profundos, e encontrei tempestades tão grandes, que só a modificação espiritual me poderia salvar. Essa renovação me auxilia presentemente a entender melhor o concurso dos verdadeiros servidores do bem. Seja feliz, trabalhando na extensão do bem. É a condecoração que realmente não nos escapa do peito. As outras, as que aí cobicei com tanto empenho, nem sempre permanecem conosco depois de atravessadas as fronteiras de cinza.

**Bebiano Sérgio Macedo
da Fontoura Costalat**

69 | PERSEVERANÇA

12/05/1948

ue seu espírito persevere na abençoada luta de realizar sempre o melhor para o bem de si mesmo e dos outros.

**Bebiano Sérgio Macedo
da Fontoura Costalat**

70 | SUSTENTAÇÃO ESPIRITUAL

12/05/1948

Servir, hoje, meu caro, para nós é muito mais que combater. Dar significa mais que receber e sacrificarmo-nos é uma glória mais alta que a da vitória. Suas forças valiosas, dadas a benefício de nossa venerável instituição, representam fontes de suprimento da Espiritualidade Superior. Suas energias, por isso mesmo, serão sustentadas por nós agora e sempre.

Francisco Antonio de Moura

71 | O CRISTIANISMO E AS CLASSES ARMADAS - I

04/06/1948

Deus nos abençoe a todos. Francamente seduzido pelo trabalho espiritual de vários amigos nossos, em torno de suas convicções espiritualistas, venho igualmente trazer-lhe a minha visita, esforçando-me, qual faço agora, por entrosar sentimentos e realizações na Doutrina consoladora que nos irmana, presentemente, os impulsos da fé.

Júlio Anacleto Falcão da Frota

72 | O CRISTIANISMO
E AS CLASSES ARMADAS - II

04/06/1948

Compreendo que a penetração do idealismo superior que o Espiritismo nos trouxe não vem ao acaso, no jogo das circunstâncias. Pode acreditar que nosso objetivo no Brasil é despertar as classes armadas, sobretudo, no momento, em mais altos princípios de vigilância. Aperfeiçoar nossa terra nos impositivos do progresso material é, sem dúvida, inestimável serviço. Contudo, prepará-la, diante do futuro, revigorando-lhe os fundamentos morais em bases sadias de Cristianismo renovado, é tarefa ainda mais nobre, mais elevada! Sentimo-nos à frente de questões que transcendem nossa capacidade de expressão no verbalismo comum.

Júlio Anacleto Falcão da Frota

73 | O CRISTIANISMO E AS CLASSES ARMADAS - III

04/06/1948

A Terra é um fogareiro de vastas proporções e ninguém pode prever os efeitos da crise formidável que pesa sobre caracteres e administrações. Pudéssemos, meu amigo, e reviveríamos na demonstração física para veicular o conhecimento novo. Necessitamos formar novo tipo de soldado – que saiba lutar dignamente, sem armas na mão, todavia, habilmente adequado, no campo interior, à vitória do bem na vida particular e nas massas do povo. General, não tenha dúvida! A luta é muito grande! Não é sem significado nossa visita a esta casa de trabalho espiritual, onde seu espírito se retempera.

Júlio Anacleto Falcão da Frota

74 | O CRISTIANISMO E AS CLASSES ARMADAS - IV

04/06/1948

Um país não é somente grande pelo esforço dos que se acham "vivos na carne", mas também pela dedicação de quantos se converteram, pela morte, em "vivos de espiritualidade". E conversar com um amigo é dirigirmo-nos a muitos, em sentido simbólico. Não lhe cause estranheza, portanto, as nossas visitas fraternais. O serviço assim exige.

Júlio Anacleto Falcão da Frota

75 | O EXÉRCITO
E A MISSÃO DO BRASIL - I

04/06/1948

Somos diversos cooperadores a contribuírem pela elevação do nível espiritual das nossas organizações militarizadas. Estamos convictos de que o Exército não é infenso à missão admirável que o Brasil desempenha na comunidade americana.

Júlio Anacleto Falcão da Frota

76 | O EXÉRCITO E A MISSÃO DO BRASIL - II

04/06/1948

ossas tradições de trabalho e paz e, sobretudo, o devotamento com que inúmeros de nossos camaradas se consagram à causa espiritualista e cristã nos bastidores de nossa vida pública, revelam, de modo inequívoco, o entendimento de nossos valores armados, quanto à renovação evangélica do mundo, abençoado serviço de que nossa terra e nossa gente se fazem líderes preciosos junto a todos aqueles filhos enobrecidos de outras nações e de outros climas, que não enxergam outra solução para

a concórdia e para a felicidade humanas fora de Jesus Cristo.

Júlio Anacleto Falcão da Frota

77 | O EXÉRCITO E A MISSÃO DO BRASIL - III

04/06/1948

Aprendemos hoje que a defesa da humanidade em seus patrimônios de progresso e sublimação é o trabalho mais imediato que nos cabe desempenhar. Vibre conosco, ligando, como sempre, seus pensamentos aos nossos! Precisamos dilatar a fileira de colaboradores e dos amigos de ideal para a "cruzada" sem sangue que, do Alto, buscamos mobilizar, em favor de uma nação mais elevada para um mundo melhor.

Júlio Anacleto Falcão da Frota

78 | SINTONIA COM O BENFEITOR ESPIRITUAL

02/07/1948

Não precisamos, de modo fundamental, da mediunidade de uma terceira pessoa, a fim de transmitir os nossos pensamentos. A nossa comunhão mental é muito mais intensa que qualquer entendimento por viva conversação humana e estamos certos de que não nos faltará a possibilidade para a conclusão de qualquer plano em que o meu concurso humilde venha a ser lembrado. Conte comigo incondicionalmente.

Pêgo Junior

79 | ABENÇOADO SERVIÇO AOS CEGOS

02/07/1948

Quanto a você, Julinha, reitero-lhe as esperanças com que a sua tarefa de beneficência vem sendo acompanhada por parte de todos nós. Os dias da Terra escoam-se rápidos e é necessário estar aqui, quanto estou, para sentirmos, de perto, a brevidade da experiência humana. Todos nos sentimos felizes com o seu abençoado serviço aos cegos e esperamos que a sua sementeira no bem cresça e prospere cada vez mais!

Pêgo Junior

80 | NA REDENÇÃO DO MUNDO

02/07/1948

Convençam-se todos de que estamos sendo impelidos a trabalho maior na redenção do mundo. Embora imperceptível para vocês, o processo de transição da Terra é mais rápido e acelerado do que possam supor. Os bons servidores das causas edificantes permanecerão cada vez mais sobrecarregados de obrigações. A hora é de grandes lutas e devemos proceder à maneira das abelhas trabalhadoras e dignas, que convertem a obediência em lei. E, em nosso caso, a disciplina ante a vontade do Supremo Senhor é cinquenta por cento de acerto em todas as questões!

Pêgo Junior

81 | NÃO SE DEIXE ABATER

17/09/1948

Compreendo-lhe os problemas e lutas íntimas dos dias que correm. Todavia, meu caro, não se deixe abater ante a volubilidade dos homens e dos acontecimentos. (...) em lutadores de nossa estirpe a combatividade pelo bem não deve cessar, mas, socialmente falando, conceda tempo ao tempo. A experiência é a mestra de todos e reparte ensinamentos a cada um no momento preciso.

Pêgo Junior

82 | FORTALEZA DEFENSIVA

17/09/1948

A calúnia, a perseguição gratuita, a ingratidão, a maldade são forças das trevas que tudo procuram corromper. Conheço-as de perto e assevero a você, meu amigo, que a serenidade da prece constitui a nossa fortaleza defensiva contra elas. Prossiga seu caminho, confiando no Supremo Juiz, convencido de que a maré passa e o mar fica. Acima de tudo, (...), conserve a sua paz.

Pêgo Junior

83 | O VIAJOR

17/09/1948

Um homem nunca pode voltar aos caminhos que trilhou em criança com as mesmas vestes. A paisagem é sempre real, principalmente quando estacionária em pleno campo da vida, mas o viajor oferece outro aspecto. Sempre que a sua cooperação for solicitada por necessidades justas, ampare, auxilie e continue a sua marcha, mesmo porque você tem sido o pai abnegado de muita gente.

Pêgo Junior

84 | A SENHA

20/10/1948

A hora é de "força por dentro" e estamos certos de que a sua energia, como sempre, não esmorecerá. Não duvide da vitória que nos orienta os passos. Prossiga, sem receio, alimentando a esperança no triunfo que é nosso. Pensamento ativo, corpo repousante e alma corajosa hão de ser nossa senha, até que atravessemos o túnel do minuto que vai passando. (...) fé e confiança na vitória final. Para diante, contra qualquer esmorecimento!

Severiano

85 | A LUTA MAIS PORFIADA

26/01/1949

A batalha é sempre maior dentro do forte. Você já comandou e conhece semelhante verdade. Enquanto os conflitos se verificam, na praça aberta, com ruídos exteriores de máquinas e infantaria, golpes e vozes diferentes da nossa, é mais fácil arrostar o perigo. Chega, porém, um tempo (...) em que somos chamados a combater dentro de nós mesmos e a vitória depende da galhardia com que empunhamos as velhas armas da serenidade, da fé viva, do bom humor e, sobretudo, do entendimento. Aí a luta é realmente mais porfiada! Atravessamos passagens das mais difíceis. Despenhadeiros interiores se nos desdobram aos "olhos da mente" e reclamamos cooperação do comando "de cima" para não perder na prova.

Pêgo Junior

86 | REPOUSO COMPULSÓRIO

26/01/1949

Satisfaça aos imperativos de repouso e não perca a sua oportunidade de meditar. Vemos nos quadros do momento o que nos sucede. Você não enfrenta um problema de extinção das energias e sim um hiato da força para que as próprias forças se refaçam. (...) A hora é, certamente, de combate, porque soldado quando pensa sofre muito mais do que quando guerreia e eu conheço o assunto por experiência própria.

Pêgo Junior

87 | EXPERIÊNCIA DE SOLDADO

26/01/1949

O campo nunca me abateu o ânimo, mas o gabinete, na maioria das vezes, me afligia e amargurava!

Pêgo Junior

88 | A VIDA HUMANA

26/01/1949

A vida humana em si (...) é uma contenda importante e quando a experiência se mistura com os imperativos da saúde, o conflito é sempre mais vasto, mais duro, maior! Não se abata, porém. Mobilize, na fortaleza do cérebro e do coração, as sentinelas da fé renovadora da confiança em nosso Senhor Jesus e em seus amigos daqui e do plano terrestre, e verá que o triunfo natural não será tão demorado quanto à primeira vista parece.

Pêgo Junior

89 | EM VIAGEM

26/01/1949

Guarde o espírito claro, as ideias serenas, o sentimento firme e continuaremos a viagem. O porto do reajustamento surgirá dentro em breve.

Pêgo Junior

90 | INTERLIGAR-SE

26/01/1949

Permanecemos muito mais unidos agora que você tem sido obrigado a excursionar, com mais assiduidade, nos campos da meditação e da procura espiritual.

Pêgo Junior

91 | À FILHA QUERIDA

26/10/1949

Muito satisfeito com a nossa Julinha, peço a Deus a abençoe pelo reconforto que a sua ternura nos oferece. Lembro-me de antigo autor, que nos afirma, com muita propriedade, que "a mulher sempre é mãe" e sinto justificada alegria em reconhecendo na filha querida, que o Senhor a você confiou por esposa, um gênio maternal para todos nós!

Pêgo Junior

92 | LUTA ÍNTIMA

02/02/1949

As campanhas mais difíceis de ser vencidas são aquelas que as circunstâncias estabelecem dentro de nós mesmos. Mas ainda falecem as reservas de coragem, serenidade e paciência...

Ismael da Rocha

93 | RECURSOS CURATIVOS

02/02/1949

Não creia que os muitos remédios nos ofereçam grandes vantagens. Há ocasiões em que a medicação é favorável numa porta e intrusa em outra, na intimidade da casa orgânica. Os modos e os processos espirituais de luta, acima de tudo, são os nossos recursos curativos mais importantes!

Ismael da Rocha

94 | ACIDENTE VASCULAR

02/02/1949

uanto lhe seja possível, rememore as palavras e alinhe-as na sua imaginação como se estivesse conversando animadamente para reeducar o centro da fala e ordene com vagar os seus movimentos para que lhes não falte o ritmo regular. E mormente, em se tratando de degraus, não use muito a decisão e aceite, quanto possível, o concurso alheio. Assim é necessário para que o acidente experimentado seja esquecido pelas forças orgânicas propriamente consideradas. A melhor medicação nesta hora é a que vem pondo em prática com tanto proveito e que se define na calma e na conformação com que vai enfrentando os fatos. Essa pausa era necessária e quando tornar ao império ativo de suas determinações de militar e administrador, recolherá os benefícios que vem sendo constrangido a receber. (...) Sou de opinião que a intensidade de verdura, com redução de carnes e óleos, é providência que só fará bem à posição geral. E não se detenha em pensamento nos quadros menos alegres da viagem terrestre. Centralize a atenção na confiança, na alegria e na certeza de sua consagração pessoal ao bem e não se arrependerá! Não há hora de crepúsculo para quem confia a mente ao brilho da alvorada. Esperemos, confiantes em Cristo, o dia de amanhã, que é sempre novo pelas novidades benéficas que podemos tecer no mundo de nós mesmos.

Ismael da Rocha

95 | RENÚNCIA

02/02/1949

Quando o trabalhador é capaz, fiel e digno, há sempre um campo maior e rico à espera dele e quando esse abençoado servidor renuncia ao Mais Alto, por amor aos que permanecem embaixo, o campo predileto continua dignificado por sua dedicação. (...) Um soldado não tem, nem pode ter, para com outro soldado outra linguagem que não seja esta de confiança, estímulo, calma e valor silencioso e ativo.

Ismael da Rocha

96 | PERCALÇOS DA EXISTÊNCIA

23/03/1949

A existência terrestre (...) pode ser simbolizada na viagem fluvial tão de sua intimidade na região que o viu renascer desta vez! Enquanto o barco físico desce rio abaixo, não é preciso grande cuidado no leme ou na conta de tempo, em razão das circunstâncias favoráveis que apoiam qualquer descida. Mas quando a embarcação retorna rio acima, nem sempre é possível contar com os mesmos recursos fáceis! Por vezes, a hora é de seca extrema e de vento escasso... Bancos de areia surgem, inexoráveis! Dias e noites são despendidos nos intervalos da romagem no leito menos acolhedor das águas. É indispensável muita cautela contra as tentações que nos induzem à internação pelos matagais que fluem das margens. Muitos viajores perdem a ocasião de esperar com paciência e lutar com renúncia. O leme expresso na mente há de ser trabalhado, viajado e usado em processo de trabalho intensivo.

Ismael da Rocha

97 | NO ENTARDECER DA EXISTÊNCIA

23/03/1949

Daí, meu caro amigo, as experiências da hora que passa para o seu precioso navio corpóreo, que vai subindo no dorso das águas serenas e amigas. Digo serenas e amigas porque seu espírito valoroso possui verdadeiro refúgio contra a tempestade que lhe assedia presentemente a jornada brilhante. A embarcação segue, rio acima, reclamando naturalmente mais suor e mais serviço na movimentação justa. (...) quem conduz consigo valores tão altos de fé viva e confiança segura nos próprios destinos não pode, nem mesmo de leve, abandonar-se à sombra da tormenta.

Ismael da Rocha

98 | NO COMANDO

18/01/1950

É problemático o nosso triunfo nas armas na Terra, meu caro amigo, porque chegará sempre um dia em que seremos constrangidos a comandar o reino de nós mesmos! Dirigir as células do corpo ou articular em ordem as nossas emoções para que a mente seja honrada em seu posto de chefia é mais difícil que presidir um exército humano, constituído de soldados indisciplinados ou intransigentes.

Belarmino Mendonça

99 | VENCEREMOS!

18/01/1950

ão se confie a pensamentos destrutivos de melancolia e desencanto. Venceremos a etapa com o socorro de forças mais expressivas que as nossas! (...) Das alturas procedem ordenações que nos mobilizam sempre para as mais variadas direções (...) .

Belarmino Mendonça

100 | O EXEMPLO DO APÓSTOLO

25/01/1950

Não nos esqueçamos do grande convertido de Damasco, homem áspero, de ação inesgotável, antes da visita do Senhor, e companheiro valoroso e fraterno, com a mesma atividade indefinível depois dela! Todos nós, os que temos passado pelos setores da administração no mundo, com raras exceções, à maneira de Paulo temos conhecido a autoridade, o poder e a determinação, nem sempre usados em suas mais altas expressões de subida ao plano divino e quando a verdade nos fortalece através da visita sublime da revelação de infinito e eternidade, precisamos guardar o mesmo tom de fortaleza e desassombro para não desmerecer os dons recebidos.

Antoninho

101 | O APÓSTOLO DOS GENTIOS

25/01/1950

apóstolo dos gentios foi um dos mais bem acabados padrões de varonilidade cristã, agindo e criando sempre para o lado melhor da vida, até mesmo quando a espada romana lhe decepou a cabeça de herói, jamais anulado ou envelhecido no espírito imperecível. Do primeiro momento de Damasco até o fim do corpo, outro pensamento não lhe animou a candeia do cérebro que não fosse o de renovação e entusiasmo na luz e no bem! Não precisarei narrar aqui quanto lhe ocorreu no desdobramento do serviço apostólico, porque o amor de

todos vocês ao Evangelho torna desne-
cessária qualquer consideração histó-
rica ou propriamente verbalística.

Antoninho

102 | PAULO,
O LUTADOR INTIMORATO

25/01/1950

Lembremos a figura excelsa de lutador intimorato, valoroso na fé e na esperança, firme nos propósitos superiores e incansável no infinito bem. Com ele aprendemos que os patrimônios materiais podem desaparecer, que as dificuldades podem sobrevir, que a sombra pode cercar-nos, mas que os galardões do espírito são imperecíveis, que a nossa alma, em toda parte e em todas as circunstâncias, consegue sobrepairar acima de todos os impedimentos, desde que se mantenha na visão clara do trabalho que nos cabe realizar por um mundo mais nobre, mais aperfeiçoado, mais seguro e feliz.

Antoninho

103 | O ENSINO DE PAULO

25/01/1950

Paulo ensina-nos que não é a Terra a entidade suscetível de condecorar-nos com a felicidade e sim a escola que espera por nossa atitude de aprendizes mais velhos no campo do sacrifício próprio, para melhorá-la e engrandecê-la. Não é o mundo nosso devedor e sim credor generoso a quem precisamos pagar pelo menos algumas parcelas de nossa dívida infinita.

Antoninho

104 | PAZ E ALEGRIA

25/01/1950

Anime-se, meu caro, elevando as suas reflexões! Nós ainda não fomos obrigados a contemplar o horizonte além, de braços crucificados, à maneira d'Aquele que elegemos por nosso padrão divino. Graças ao carinho que nos é dispensado por muitos emissários de seu amor infinito, nada nos tem faltado para que a paz e a alegria estejam preservadas em nosso círculo e vida particular.

Antoninho

105 | PAULO, O GRANDE LUTADOR

25/01/1950

A dor não é irremediável nem destruidora, quando nos acolhemos no fortim de nós mesmos, de nossas convicções mais elevadas, a se refletirem no interesse de todos. (...) lembramos de Paulo, o grande lutador em vitória constante dentro das trevas e dos sofrimentos que lhe assinalaram a época recuada, convertamos nossas lutas mais íntimas em sagrados motivos de elevação.

Antoninho

106 | O TEMPO

22/03/1950

Não permita, meu caro, que as ideias de enfermidade se congreguem nos círculos de sua mente para o culto sistemático à tristeza ou ao desânimo. Todos os estados orgânicos, melhores ou piores, sob o ponto de vista terrestre, se desfazem com o tempo.

Antoninho

107 | DIA E NOITE

22/03/1950

A nossa atitude dentro da vida é a nota fundamental. O dia é uma festa de claridade para o trabalho, mas a sombra é um caminho para a meditação, a fim de retomarmos o dia com o êxito desejável.

Antoninho

108 | O PENSAMENTO

22/03/1950

á em derredor de nossos passos verdadeiros mundos de trabalho esperando-nos a colaboração. E quando não nos é possível agir com os pés e com as mãos, o pensamento é vigorosa alavanca com que nos cabe atuar incessantemente para o bem dos que nos cercam e de nós mesmos.

Pêgo Junior

109 | OS SERVIDORES DO ALÉM

22/03/1950

Aqui não descansamos. Somos um plenário de servidores, adiantando-nos, em verdade, aos companheiros da retaguarda, mas ligados a eles à maneira das árvores que sobem para a luz, sem conseguirem, porém, ausentar-se em definitivo do solo que lhes acalentou as sementes.

Pêgo Junior

110 | OS MISSIONÁRIOS DA LUZ

22/03/1950

Uma sementeira vastíssima aqui se desdobra no esforço iluminativo de quantos se ligam conosco na mesma esfera de esperança e de ação e, graças a Deus, o trabalho é uma bênção para cada um, constituindo sempre verdadeira glória para nós todos. Não há intervalos para a dor destrutiva, para a renúncia vazia ou para a desistência inútil. Todos nos ajustamos, agimos e servimos, formando uma abençoada legião de cooperadores do bem coletivo.

Pêgo Junior

111 | CONFIANÇA

22/03/1950

Não abrigue receio em seu coração. Tudo é bom na jornada para Deus. Cada setor da luta apresenta proveito diverso e, atento a esse critério, a tranquilidade lhe povoará o íntimo com admirável segurança.

Pêgo Junior

112 | ANTE A ENFERMIDADE

22/03/1950

Não há motivo para desconten-
tamento. (...) permito-me repetir as
indicações espirituais do ano passado,
acentuando as necessidades de calma,
prudência e bom ânimo para melhor
fortificarmos a defesa. (...) estamos ao
seu lado e não descansamos! Não deve
acolher a ideia da morte! A morte não
deve entrar em cogitações do nosso
serviço. Precisamos agora de saúde,
equilíbrio e bem-estar. Esse é o programa que deve ser mantido.

Ismael da Rocha

113 | O MAIOR MÉRITO

17/01/1951

A luta carnal é uma frente de batalha, de cujas linhas o soldado não deve ser retirado às pressas. Quanto mais capacidade de suportar as dificuldades e tropeços maior mérito! É necessário permanecer, portanto, de coração armado pelos recursos do bem para não sucumbirmos aí, dentro da fortaleza de nossa própria alma.

Pêgo Junior

114 | GUERRA BENDITA

17/01/1951

ão ceda às sugestões do desânimo. Quem se confia ao desalento, nessa guerra bendita pela evolução maior, entrega-se ao pior inimigo. Cabeça erguida e tranquila sobre o peito robusto e aberto: eis o sinal de nossa disposição sadia para a vitória.

Pêgo Junior

115 | ASSISTÊNCIA ESPIRITUAL AO MUNDO

17/01/1951

á muito serviço esperando por nós e por que razão abandonar a Terra aos cuidados e cogitações de si própria? Aqui compreendemos nela a nossa "velha mãe", necessitada de nosso amparo eficiente e de nosso carinho vigilante.

Pêgo Junior

116 | BRASIL
SOB A LUZ DO CRUZEIRO

17/01/1951

Vivemos no Brasil de hoje horas muito incertas. Não sabemos a que nos poderão conduzir as seleções do povo em matéria de escolha dos seus legisladores representantes. Mas se o próprio mundo está em hora crepuscular, imaginemos a posição grave da nossa gente diante dos problemas que se avolumam! Consola-nos a meada obscura dos acontecimentos atuais, a certeza de que o nosso país está desempenhando e consolidando, com a supervisão do Cordeiro de Deus, importante missão sob a luz do Cruzeiro.

Pêgo Junior

117 | O POVO MAIS FELIZ DO PLANETA

17/01/1951

Apesar de todos os labirintos, ainda é aqui que desfrutamos as melhores expressões de fraternidade e paz e, embora nos pareça à primeira vista menos apto à união e ao autogoverno, o povo do Brasil ainda é o mais feliz do planeta na hora da transição que atravessamos. Aqui o espírito pode soltar as próprias asas intangíveis e pensar, imaginar, esperar e crer no futuro como melhor lhe pareça, ao passo que em muitas nações vigorosas e opulentas a preparação bélica confere um sinistro sentido às suas preocupações.

Pêgo Junior

118 | MOMENTOS DE PROVAÇÃO

17/01/1951

Creia (...) que nenhum de nós repousou depois da libertação da matéria mais densa! Estamos trabalhando com mais aplicação à realidade para que nossos antigos princípios nos códigos da lealdade e da honra não desapareçam. Nuvens terríveis se amontoam sobre a face do mundo. Por enquanto parecem distantes, imprecisas... Mas daqui lhes conhecemos a força e o negrume! Até o momento da divina determinação permanecerão invisíveis para vocês na Terra, mas são realidades positivas que se abaterão sobre o planeta com a naturalidade e um serviço regenerador e restaurador em grande escala. Mas de nossa parte, na posição de lavradores prevenidos, achamo-nos em preparo, a fim de selecionar os valores para a sementeira futura.

Pêgo Junior

119 | O TEMPLO DOMÉSTICO

17/01/1951

Muito simpáticas as vibrações deste lar que se converteu realmente num santuário de luz. Do que se pode fazer na Terra, como posto de refazimento para a luta necessária e inadiável, o templo doméstico é a maior das realizações!

Pêgo Junior

120 | A IMPORTÂNCIA DA PRECE

31/01/1951

Que nos amemos em pensamento, nos dois planos, na abençoada comunhão espiritual da prece, a fim de que a paz e a ordem sejam preservadas.

Pêgo Junior

121 | A VISÃO DOS ESPÍRITOS SOBRE A PÁTRIA

31/01/1951

Assistimos hoje a solenidades de renovação política das mais importantes no país! Permitam os poderes superiores não venhamos a sofrer qualquer influência menos construtiva em nosso edifício democrático, não consolidado ainda.

Pêgo Junior

122 | A PÁTRIA

31/01/1951

A pátria é realmente o nosso lar dilatado e sempre vivo no tempo. Não julguem que os nossos ideais, em matéria de benefício comum e educação pública, possam fenecer além do túmulo. A Terra é o nosso reduto multimilenário de santas experiências e quantos de seus filhos que as desenvolvem no conhecimento ou na virtude a ela retornam mais cedo ou mais tarde para a continuação do serviço que lhe devemos! É assim que nos movemos além de vocês, orientados em superiores propósitos de resgatar os nossos velhos débitos!

Pêgo Junior

123 | BRASIL — NOVA FASE

31/01/1951

Hoje o Brasil entra em nova fase e, se bem renovados na configuração exterior, os homens de agora são quase os mesmos que iniciaram a primeira República. Pudéssemos instilar-lhes na vida íntima noções mais amplas de responsabilidade e realização, e teríamos resolvido magnos problemas! Entretanto, é indispensável aproveitarmos os talentos que possuímos, a fim de algo edificar a bem de todos.

Pêgo Junior

124 | ADMINISTRADORES

31/01/1951

Não podemos menosprezar aqueles que o Senhor nos confiou ao caminho e, por isso, com o máximo respeito aos títulos que ostentam e às boas intenções que os animam, ergamos ao Mestre os nossos pensamentos em oração para que lhes não falte assistência na missão que lhes cabe desempenhar.

Pêgo Junior

125 | AJUDA ESPIRITUAL AOS GOVERNANTES

31/01/1951

Esperemos o futuro confiantes, apesar das nuvens que se amontoam. Graças a Deus, porém, a justiça é hoje um órgão avançado na vida internacional e não será fácil solapar-nos as prerrogativas como povo em crescimento. Ajudemos àqueles que nos orientam na esfera material, com a projeção dos nossos recursos mentais da simpatia e de auxílio.

Pêgo Junior

126 | O PANORAMA POLÍTICO

31/01/1951

O medo e a ambição desmedida dominam a muitos e, em verdade, o panorama político não é suficientemente encorajador. Mas o futuro promete uma grande voz nos serviços de libertação. Aguardemo-lo. Achamo-nos diante de um mundo que se modifica a passos gigantescos! Recuperaremos, no círculo da luta, os bens morais que jazem ofuscados em quase toda a parte. Um eclipse da consciência, que passará mais tarde quando o sol da verdade e do amor fulgurar sobre os corações. E essa nova era não vem longe! Auxiliemos o Brasil a pensar e o nosso povo saberá agir acertadamente! (...) não se preocupe e nem se aflija. Somos soldados. As ordens dos gabinetes "de cima" far-se-ão ouvidas no momento oportuno!

Pêgo Junior

127 | AS BÊNÇÃOS DE JESUS

31/01/1951

Há continentes ilimitados de trabalho à nossa espera. É preciso agir muito para algo fazer. As nossas atividades e movimentos devem produzir, pelo menos, um pouco de bem para aumentar o acervo de bênçãos que Jesus nos confia.

Pêgo Junior

128 | A TERRA — VELHO ABRIGO DOS CONTRASTES

28/11/1951

Não estranhemos a luta. A Terra é o velho abrigo dos contrastes, dos desequilíbrios aparentes. Pela sombra, apreciamos a luz. Pela enfermidade, estimamos a saúde. Ninguém lhe atravessa a superfície indene de tributos. Sofrimento e dificuldade são valiosa herança para quantos se candidatam ao aperfeiçoamento. Nesse espírito de compreensão, meus filhos, avancemos!

Pêgo Junior

129 | REENCARNAÇÃO

28/11/1951

No mundo, nossa passagem guarda enorme semelhança com a guerra. O corpo de carne é também um campo de batalha, dentro do qual liquidamos a experiência física em conflitos incessantes do berço ao túmulo. Não se curvem diante da sombra. A vida é claridade que o bom ânimo no trabalho de nossa própria melhoria nos ajuda a encontrar.

Pêgo Junior

130 | HARMONIA

28/11/1951

O incêndio cresce apenas quando encontra combustível! Se sabemos, porém, aplicar a água curativa e salutar sobre as chamas, apressadamente se extinguem, restituindo a paisagem à justa harmonia.

Pêgo Junior

131 | UNIÃO ATRAVÉS DOS LAÇOS ESPIRITUAIS

28/11/1951

Meus filhos, diariamente estamos unidos através dos laços espirituais da oração. Lembranças e permutas da alma nos conservam invariavelmente unidos. Não se abatam perante o vendaval, que passa breve. Sustentem a serenidade e o estímulo de todos os dias. Nós, e muitos conosco, estamos com vocês na manutenção da resistência construtiva e do bem-estar interior que a fé viva nos auxilia a conservar.

Pêgo Junior

132 | AMOR AOS FILHOS

02/01/1952

Os filhos são as cordas mais sensíveis do nosso coração na Terra e enquanto um só deles se demora no planeta acredito que raros pais terão coragem de empreender a renúncia aos serviços da Terra, porque, em verdade, mais vale padecer em companhia deles que desfrutar o paraíso de que se achem ainda ausentes.

Pêgo Junior

133 | RIO DE JANEIRO

02/01/1952

Rio, ainda e sempre, é a nossa casa de trabalho mais ativo e eficiente, porque numa cidade de proporções tão grandes quanto a capital da nossa República encontramos verdadeiros purgatórios, em cujas labaredas frias podemos exaltar a caridade e a fraternidade na silenciosa sementeira do bem com Jesus.

Pêgo Junior

134 | CONFIANÇA EM DEUS

02/01/1952

Com a divina cooperação, partida de nossos maiores, tudo se renormaliza, dia a dia. Esperemos pela vontade de Deus, em qualquer tempo, condição e lugar.

Pêgo Junior

135 | PALAVRAS FINAIS

02/01/1952

Que Jesus nos estenda braços compassivos e salvadores, a fim de que sejamos fiéis aos nossos compromissos espirituais com a Vida Maior até o fim de nossas provas redentoras (...).

Pêgo Junior

Referência bibliográfica

XAVIER, Francisco Cândido; AMORIM, Wanda Joviano (Org.). *Militares no além*. Ditado por espíritos diversos. Belo Horizonte: Vinha de Luz, 2008.

Bibliografia indicada
Por ordem de lançamento

XAVIER, Francisco Cândido; AMORIM, Wanda Joviano (Org.). *Sementeira de luz*. Ditado pelo espírito Neio Lúcio. 4. ed. Belo Horizonte: Vinha de Luz, 2012.

XAVIER, Francisco Cândido; AMORIM, Wanda Joviano; NETO, Geraldo Lemos (Orgs.). *Deus conosco*. Ditado pelo espírito Emmanuel. 3. ed. Belo Horizonte: Vinha de Luz, 2012.

XAVIER, Francisco Cândido; MARQUES, Braz José (Org.). *Pérolas de sabedoria*. Ditado pelos espíritos Emmanuel e Neio Lúcio. Belo Horizonte: Vinha de Luz, 2009.

XAVIER, Francisco Cândido; SOUZA, Cezar Carneiro de (Org.). *Iluminuras*. Ditado pelo espírito Emmanuel. 2. ed. Belo Horizonte: Vinha de Luz, 2012.

XAVIER, Francisco Cândido; AMORIM, Wanda Joviano (Org.). *Sementeira de paz*. Ditado pelo espírito Neio Lúcio. Belo Horizonte: Vinha de Luz, 2010.

XAVIER, Francisco Cândido; AMORIM, Wanda Joviano (Org.). *Colheita do bem*. Ditado pelo espírito Neio Lúcio. Belo Horizonte: Vinha de Luz, 2010.

XAVIER, Francisco Cândido; AMORIM, Wanda Joviano; NETO, Geraldo Lemos (Orgs.) *Depois da travessia*. Ditado por espíritos diversos. Belo Horizonte: Vinha de Luz|Didier, 2013.

LEIA TAMBÉM

SEMENTEIRA DE LUZ

Voltando à Terra no século XIX, Neio Lúcio encarna a personalidade de Arthur Joviano, cujo núcleo familiar, em missão redentora de um passado longínquo, conta com as presenças de personagens descritos nos romances *50 anos depois* e *Renúncia*. Desprendido em 1934, Neio Lúcio inicia sua comunicação com a família, através da mediunidade de Chico Xavier, em reuniões semanais de culto evangélico na casa de Rômulo Joviano, em Pedro Leopoldo | MG. As mensagens, repletas de sabedoria e amor extremado por todos aqueles com os quais conviveu, são bem a confirmação dos compromissos reparadores que assumimos na Espiritualidade, alicerçados nos ensinamentos de Jesus para nos tornarmos legítimos semeadores da Boa Nova.

PELO ESPÍRITO NEIO LÚCIO
PSICOGRAFIA DE FRANCISCO CÂNDIDO XAVIER
ORGANIZAÇÃO DE WANDA AMORIM JOVIANO

LEIA TAMBÉM

DEUS CONOSCO

DEUS CONOSCO é o livro que dá sequência às revelações espirituais inéditas da psicografia de Francisco Cândido Xavier, trazidas a lume pela prestimosa organização de Wanda Amorim Joviano, com a colaboração de Geraldo Lemos Neto. As mensagens, recebidas em sua maioria no culto doméstico do Evangelho no lar da família Joviano, nas décadas de 30 a 50, na Fazenda Modelo, em Pedro Leopoldo | MG, são de autoria de Emmanuel, o espírito responsável pela materialização da extensa bibliografia que tanto esclarecimento e consolação verteram da Vida Maior para a face da Terra, através das abnegadas mãos de Chico Xavier. DEUS CONOSCO nos traz de volta ao convívio os memoráveis discípulos do Cristo, ligados desde priscas eras, cuja missão foi a da revivescência do Cristianismo puro e simples dos tempos apostólicos, no coração humilde e generoso das terras pacíficas do Brasil.

PELO ESPÍRITO EMMANUEL
PSICOGRAFIA DE FRANCISCO CÂNDIDO XAVIER
ORGANIZAÇÃO DE WANDA AMORIM JOVIANO E
GERALDO LEMOS NETO

LEIA TAMBÉM

MILITARES NO ALÉM

Dentre os tesouros guardados por Wanda Amorim Joviano, MILITARES NO ALÉM, da lavra de Chico Xavier nos anos de 36 a 52, no mínimo surpreende pela atualidade das mensagens em torno da paz que a humanidade do século XXI tanto anseia. Fruto da sua ingente dedicação no desdobre das tarefas mediúnicas no culto do lar realizado durante muitos anos pelo *Grupo Doméstico Arthur Joviano*, na Fazenda Modelo, em Pedro Leopoldo | MG, esse livro relata, na perspectiva espiritual de muitos servidores da pátria, a realidade consoladora do *outro lado*, onde o trabalho pelo bem não cessa e a esperança é sentimento que inspira a vitória do amor preconizado por Jesus.

ESPÍRITOS DIVERSOS
PSICOGRAFIA DE FRANCISCO CÂNDIDO XAVIER
ORGANIZAÇÃO DE WANDA AMORIM JOVIANO

LEIA TAMBÉM

PÉROLAS DE SABEDORIA

Compulsados dos livros *Sementeira de luz* e *Deus conosco*, ambos organizados por Wanda Amorim Joviano, as frases e os textos apresentados no livro PÉROLAS DE SABEDORIA foram coletados e reunidos por Braz José Marques com o propósito de engrandecer o aprendizado de todos nós nos estudos evangélicos do dia a dia. As pérolas da Espiritualidade — aqui incrustadas na condição de joias valiosas — são fundamentais para o esclarecimento daqueles que delas se valerem, expositores ou não da Doutrina Espírita.

PELOS ESPÍRITOS EMMANUEL E NEIO LÚCIO
PSICOGRAFIA DE FRANCISCO CÂNDIDO XAVIER
ORGANIZAÇÃO DE BRAZ JOSÉ MARQUES

LEIA TAMBÉM

ILUMINURAS

ILUMINURAS é a primeira publicação de bolso da Vinha de Luz Editora. É composta de pensamentos e frases extraídos do livro *Deus conosco*, do venerável espírito Emmanuel, psicografado por Francisco Cândido Xavier nas décadas de 30 a 50, durante o culto cristão no lar do Dr. Rômulo Joviano, na Fazenda Modelo, em Pedro Leopoldo | MG. A riqueza dos ensinamentos evangélicos apresentados na obra fala por si só e atesta o amparo de nosso Senhor Jesus Cristo à divulgação da Doutrina Espírita, codificada pelo apóstolo Allan Kardec.

PELO ESPÍRITO EMMANUEL
PSICOGRAFIA DE FRANCISCO CÂNDIDO XAVIER
ORGANIZAÇÃO DE CEZAR CARNEIRO DE SOUZA

LEIA TAMBÉM

SEMENTEIRA DE PAZ

Volume que dá sequência ao roteiro de revelações espirituais do espírito de Neio Lúcio, que em última romagem terrena envergou a personalidade de Arthur Joviano, pai de Dr. Rômulo Joviano, diretor da Fazenda Modelo em Pedro Leopoldo | MG, onde Chico Xavier trabalhou por largos anos. As mensagens nele contidas surgiram espontaneamente pela psicografia de Chico Xavier a partir de 1935, na residência da família Joviano, na própria Fazenda Modelo, durante o culto do Evangelho no lar do *Grupo Doméstico Arthur Joviano*, a que Chico prazerosamente se dirigia depois de findos os seus trabalhos diuturnos, dando a *Deus o que é de Deus* após dar a *César o que é de César*. Recebidas por Chico Xavier de 1946 a 1948, as mensagens de Neio Lúcio foram batizadas de SEMENTEIRA DE PAZ, sendo esse novo livro, organizado por Wanda Joviano, dedicado ao centenário de nascimento de Chico Xavier (1910-2010), *o medianeiro do amor*.

PELO ESPÍRITO NEIO LÚCIO
PSICOGRAFIA DE FRANCISCO CÂNDIDO XAVIER
ORGANIZAÇÃO DE WANDA AMORIM JOVIANO

LEIA TAMBÉM

COLHEITA DO BEM

A autoria desse livro pertence ao professor Arthur Joviano, o estimado benfeitor espiritual que todos nós conhecemos com o nome de Neio Lúcio, personagem do romance *50 anos depois*, de quem recebemos valiosos ensinamentos dirigidos ao espírito imortal que vai vencer a morte e transpor os séculos. Chico Xavier psicografou as mensagens do livro durante o culto do Evangelho no lar da família Joviano, na Fazenda Modelo em Pedro Leopoldo, onde trabalhava. No *Colheita do bem* estão as páginas recebidas nos anos de 1949 a 1952, sendo, portanto, as últimas psicografadas na Fazenda Modelo, uma vez que em 1952 a família Joviano transferiu definitivamente sua residência para a cidade do Rio de Janeiro. *Colheita do bem* finaliza a série iniciada com o livro *Sementeira de luz*, seguido pelo *Sementeira de paz* — formando uma verdadeira trilogia da luz, da paz e do bem maior, que a todos nos une no carreiro da evolução espiritual para Deus.

PELO ESPÍRITO NEIO LÚCIO
PSICOGRAFIA DE FRANCISCO CÂNDIDO XAVIER
ORGANIZAÇÃO DE WANDA AMORIM JOVIANO

Leia Também

Luz na Escola
Chico Xavier na
Escola Jesus Cristo de Campos | RJ

Esse é um livro de Francisco Cândido Xavier, com mensagens psicografadas por ele durante visita de quatro dias à Escola Jesus Cristo, em Campos | RJ, em 1940. Contém comentários de seu organizador, Clóvis Tavares, testemunha ocular de todos os fenômenos ali ocorridos. Os textos desse volume representam uma reedição da sua primeira, pequena, única e esgotada edição, feita também em 1940, publicação de caráter doméstico da Escola Jesus Cristo, agora reeditada pela Vinha de Luz, que desempenha hoje um papel ímpar no resgate histórico da produção mediúnica de Chico Xavier.

Espíritos Diversos
Psicografia de Francisco Cândido Xavier
Organização de Clóvis Tavares e
Flávio Mussa Tavares

LEIA TAMBÉM

CHICO XAVIER —
O PRIMEIRO LIVRO

Vinte anos antes de sua desencarnação, Chico Xavier revelou que sempre guardou no íntimo o desejo de publicar as belas produções mediúnicas que os amigos espirituais escreviam por seu intermédio nos anos 20. Curiosamente, Chico confeccionava alguns exemplares com a finalidade de despertar os amigos para a possibilidade de um livro. De suas primeiras produções manuais, contendo, inclusive, a sua sensibilidade artística na ilustração das mensagens, Chico conseguiu guardar durante toda a vida um único exemplar, que ao final de sua existência terrena entregou ao sobrinho-neto Sérgio Luiz Ferreira Gonçalves, que no-lo apresentou para a devida divulgação. Esse é, de fato e de direito, o primeiro livro de Chico Xavier, que a Vinha de Luz trouxe a lume no ano de 2010, ano de seu centenário de nascimento.

ESPÍRITOS DIVERSOS
PSICOGRAFIA DE FRANCISCO CÂNDIDO XAVIER
ORGANIZAÇÃO DE GERALDO LEMOS NETO E
SÉRGIO LUIZ FERREIRA GONÇALVES

LEIA TAMBÉM

VIAJANTES —
A ESPIRITUALIDADE ILUMINANDO SUA MENTE E SEU CORAÇÃO ATRAVÉS DE CHICO XAVIER

Primeiro audiolivro da Vinha de Luz Editora, esse CD reúne 20 mensagens de espíritos diversos, psicografadas por Chico Xavier ao longo de seus 75 anos de labor mediúnico. Com um sugestivo título-tema e trilha sonora de rara beleza, VIAJANTES, organizado e interpretado por Fernando Peron, é um incentivo ao estudo sério e aprofundado de tão extraordinário patrimônio filosófico, científico e religioso legado a nós pelas mãos operosas e abençoadas de Chico Xavier.

ESPÍRITOS DIVERSOS
PSICOGRAFIA DE FRANCISCO CÂNDIDO XAVIER
ORGANIZAÇÃO E INTERPRETAÇÃO DE FERNANDO PERON

LEIA TAMBÉM

CHICO XAVIER — A AURORA DE UMA VIDA ENTRE O CÉU E A TERRA

As mensagens aqui apresentadas foram psicografadas por Chico Xavier e publicadas no jornal espírita "Aurora", dirigido por Inácio Bittencourt, entre julho de 1928 e abril de 1933. Nesses primeiros anos, Chico era ainda muito jovem, não sabia quem eram os espíritos que se comunicavam por meio dele, e era praticamente desconhecido fora das terras mineiras. A lucidez do jovem Chico Xavier ao comentar, ele mesmo, alguns trechos doutrinários sobre os postulados espíritas surpreende e seja em verso ou em prosa, sobre os mais variados temas, o leitor encontrará nesse livro preciosas lições de vida, ora nos ensinando a aceitar e a bendizer o sofrimento e as provas diárias, ora nos ensinando a viver uma vida verdadeiramente cristã e espírita, mostrando, por fim, quão breve é a existência terrena perante a eternidade do tempo.

ESPÍRITOS DIVERSOS
PSICOGRAFIA DE FRANCISCO CÂNDIDO XAVIER
ORGANIZAÇÃO DE JOÃO MARCOS WEGUELIN

Leia Também

Lições para Angelita

Quando Chico Xavier tinha apenas 20 anos, dois personagens importantes surgiram para marcar a sua vida: a menina Angelita e sua mãe extremosa. Esse livro contém 20 mensagens repletas de ensinamentos preciosos, repassados de mãe para filha, a partir do dia a dia que ambas vivenciam e também das perguntas que a menina faz sobre os mais diversos temas acerca da existência. São lições para todas as pessoas. A receita segura para a construção do homem de bem – meta que todos nós devemos buscar.

Pelo Espírito João de Deus
Psicografia de Francisco Cândido Xavier
Organização de João Marcos Weguelin

LEIA TAMBÉM

DEPOIS DA TRAVESSIA

Psicografia inédita de Chico Xavier, por espíritos diversos, na Fazenda Modelo, na qual, após o serviço, frequentou o culto do Evangelho no lar da família de Dr. Rômulo Joviano, e em Uberaba, nas sessões públicas do Grupo Espírita da Prece, onde recebeu o espírito de D. Luiza Xavier, sua irmã, a partir de 13 de julho de 1985. Permeando as mensagens, há fac-símiles diversos, fotografias e escritos inéditos de Chico Xavier ilustrando as épocas e as personalidades citadas. É instrutivo volume sobre a vida depois da travessia dos umbrais da morte do corpo físico, a induzir-nos a uma ampla reflexão sobre a imortalidade, patenteando-se-nos a real significação das palavras de Jesus: "A cada um será dado segundo as próprias obras".

ESPÍRITOS DIVERSOS
PSICOGRAFIA DE FRANCISCO CÂNDIDO XAVIER
ORGANIZAÇÃO DE GERALDO LEMOS NETO E
WANDA AMORIM JOVIANO
OBRA EDITADA EM PARCERIA COM A DIDIER EDITORA

LEIA TAMBÉM

CHIQUITO

CHIQUITO, da autora portuguesa Julieta Marques, conta um pouco da vida de Chico Xavier em linguagem acessível e direta, num convite ao amor, à humildade e à disciplina exemplificados pelo *médium do século*. Totalmente ilustrado, CHIQUITO é o segundo título da Vinha de Luz Editora voltado à evangelização infantil, que atende, sem dúvida alguma, às *crianças de todas as idades*.

JULIETA MARQUES

O VOO DA GARÇA
— CHICO XAVIER EM
PEDRO LEOPOLDO | 1910-1959

Esse trabalho histórico, do pesquisador pedroleopoldense Jhon Harley, que conviveu por 21 anos com Chico Xavier, é mais uma contribuição para compreender a figura humana do médium mineiro. Utilizando instrumentos e orientações do campo da História, principalmente no que diz respeito ao uso e à interpretação das fontes orais, escritas e iconográficas disponíveis, o autor transitou entre o acadêmico e o poético, fazendo uma analogia entre uma revoada de garças, ocorrida em 2 de abril de 1910, e a permanência de uma delas entre nós.

JHON HARLEY

Leia Também

CHICO XAVIER —
O MÉDIUM DOS PÉS DESCALÇOS

Chico Xavier foi, durante toda a sua vida, a personificação do bem, do amor ao próximo e da humildade. Nesse livro, Carlos Baccelli relata casos pessoais em torno do médium mineiro e registra, por meio de cartas que torna públicas, sua amizade estreita com o maior representante do Espiritismo no Brasil e no mundo. O autor nos coloca em contato muito próximo com Chico Xavier. É como se estivéssemos frente à frente com ele, numa conversa intimista, repleta de ensinamentos. É quase uma conversa ao pé do ouvido — em que podemos sentir de novo, e mais uma vez, a sua insubstituível presença.

CARLOS A. BACCELLI

LEIA TAMBÉM

CHICO XAVIER COM VOCÊ

Chico, mais que médium, era sábio. Em seus lábios, tanto ecoavam lições dos espíritos amigos quanto ensinamentos de sua própria autoria. Aqui, nessas páginas, garimpando em obras, revistas e periódicos antigos, o autor organizou uma coleção de pérolas que, sem dúvida alguma, não figuram em nenhuma outra coleção do mundo. Por isso, certamente, com esse abençoado livro você estará de posse de um tesouro de valor incalculável. Um tesouro que fará de você uma das pessoas mais ricas entre todos os homens!

CARLOS A. BACCELLI

LEIA TAMBÉM

PEDRO LEOPOLDO VISTA POR CHICO XAVIER — 1910 | 1959
49 ANOS DA PRESENÇA DO MAIOR MÉDIUM DE TODOS OS TEMPOS

O que o menino, o jovem e o adulto Chico Xavier vislumbrou em seus primeiros anos de experiências humanas e durante o desabrochar de suas faculdades mediúnicas a serviço do Cristo e da Doutrina dos Espíritos? O que teria o seu cândido olhar registrado pela retina da convivência e da saudade? Esse livro reúne extenso material inédito sobre o maior médium de todos os tempos, com fotografias e documentos recuperados, classificados e arquivados pelo memorialista pedroleopoldense Geraldo Leão, do Arquivo Geraldo Leão, e por Geraldo Lemos Neto, da Casa de Chico Xavier, que retratam principalmente o ambiente socioeconômico e cultural de Pedro Leopoldo dentro do período em que Chico Xavier lá residiu, desde o berço, em 1910, até a sua mudança definitiva para Uberaba, em 1959.

GERALDO LEÃO E GERALDO LEMOS NETO

LEIA TAMBÉM

ISABEL —
A MULHER QUE REINOU COM O CORAÇÃO

Dois dias após psicografar as primeiras das milhares de páginas, pelas quais o mundo espiritual se comunicou por seu intermédio, Chico Xavier manteve um revelador encontro com D. Isabel de Aragão, conhecida como Rainha Santa Isabel, para sempre associada ao fenômeno da transformação do pão em rosas. Ambos experimentaram o poder, a riqueza, a fama e a adoração, contudo, optaram por viver uma intensa vida interior feita de humildade, perdão, tolerância, paciência, compaixão e caridade como expressões do amor. Esse trabalho apresenta ainda Santa Isabel da Hungria e Isabel de Portugal, duquesa da Borgonha. Colocadas as narrativas das vidas das três personagens lado a lado emergem repetições e similitudes, nas quais encontramos a essência da reencarnação.

MARIA JOSÉ CUNHA

LEIA TAMBÉM

CÉLIA LUCIUS, SANTA MARINA
SEMELHANÇAS ENTRE AS BIOGRAFIAS CATÓLICAS E O ROMANCE *50 ANOS DEPOIS* DE FRANCISCO CÂNDIDO XAVIER E EMMANUEL

A obra revive a vida daquela que Chico Xavier | Emmanuel descreveram em *50 anos depois* como "o *lírio que nasceu do lodo das paixões do mundo para perfumar a noite da vida terrestre*" e que a igreja católica canonizou no século V. Por meio do minucioso e irrefutável estudo biográfico realizado por Flávio Mussa Tavares, filho de Clóvis Tavares, de Campos | RJ, o leitor se deparará com diversos relatos sobre Célia, confirmando a veracidade da narrativa do médium mineiro nos anos 40, tal qual previra Emmanuel no prefácio da obra referenciada. Para os espíritas, a consolidação da interexistência de Chico no desdobramento do labor mediúnico a benefício da difusão da Doutrina e sua prática evangelizadora, exemplificando o amor e a humildade legitimamente cristãos. Para os demais, uma reflexão sobre as lutas transitórias da vida física e a realidade além-túmulo — a verdadeira vida de todos nós.

FLÁVIO MUSSA TAVARES

LEIA TAMBÉM

ERA UMA VEZ PARA SEMPRE

Voltado à evangelização infanto-juvenil, esse livro é um compêndio de mensagens de graciosa narrativa, que enfeixa os ensinamentos do Cristo sob a ótica do Espiritismo, correlacionados a diversos assuntos de ordem espiritual e humana. Suas personagens principais — crianças sedentas de amor e de conhecimento — encantam pela perseverança no bem, sempre amparadas pela nobre e sábia Vovó Angel, que, como o próprio nome já diz, é um anjo do Senhor em suas vidas de aprendizado rumo à luz.

PELO ESPÍRITO BLANDINA
PSICOGRAFIA DE CARLOS MALAB

LEIA TAMBÉM

EVANGELHO PURO, PURO EVANGELHO — NA DIREÇÃO DO INFINITO

Seguidor inconteste da Boa Nova do Cristo, e espírita em sua mais pura essência filosófica, Martins Peralva deixou para os estudiosos da Doutrina textos de iluminada sabedoria e reflexão, que foram reunidos no livro *Evangelho puro, puro Evangelho — Na direção do Infinito*, organizado por Basílio Peralva, e que a Vinha de Luz Editora trouxe a lume numa homenagem ao centenário de nascimento do *médium do século*, Francisco Cândido Xavier (1910|2010). A obra, que congrega artigos publicados na imprensa de 1945 a 1999, é indispensável ao homem de boa vontade, abordando temas imprescindíveis a todos os corações que jornadeiam rumo ao progresso espiritual.

MARTINS PERALVA
ORGANIZAÇÃO DE BASÍLIO PERALVA

LEIA TAMBÉM

RÉSTIA DE LUZ

Primeiro livro editado pela Vinha de Luz Editora, lançado por ocasião do bicentenário de Allan Kardec (1804|2004) e dos 140 anos da primeira edição de *O Evangelho Segundo o Espiritismo* (1864|2004). Traz mensagens recebidas de espíritos diversos, psicografadas pelo médium Geraldo Lemos Neto, que interpretam as lições de *O Evangelho Segundo o Espiritismo*, nos indicando os caminhos mais certos da vida no permanente convite de nosso Mestre e Senhor Jesus.

ESPÍRITOS DIVERSOS
PSICOGRAFIA DE GERALDO LEMOS NETO

LEIA TAMBÉM

IGNÁCIO DE ANTIOQUIA

Uma viagem ao tempo da simplicidade e da pureza do Cristianismo, em sua mais bela e genuína expressão. Obra mediúnica repleta de episódios históricos do Cristianismo primitivo, que resgata para a memória da humanidade a vida e a trajetória de um dos seguidores mais valorosos de nosso Senhor Jesus Cristo.

PELO ESPÍRITO THEOPHORUS
PSICOGRAFIA DE GERALDO LEMOS NETO

VINHA DE LUZ

Departamento Editorial da Casa de Chico Xavier
Av. Álvares Cabral, 1777 — 20º andar — Sala 2006
Santo Agostinho | 30170-001 | Belo Horizonte | MG
(31) 2531-3200 | 2531-3300 | 3517-1573

www.vinhadeluz.com.br
informacoes@vinhadeluz.com.br

www.casadechicoxavier.com.br
informacoes@casadechicoxavier.com.br

Este livro foi composto em tipologia Zapf Humanist,
corpo 9, predominantemente. Capa flexível em PVC
e miolo impresso em Pólen Soft 80g.
Lis Gráfica e Editora Ltda. | Guarulhos | São Paulo

www.ingramcontent.com/pod-product-compliance
Lightning Source LLC
Chambersburg PA
CBHW071730120626
46550CB00002B/456